NOTES BIBLIOGRAPHIQUES.

## II

# CATALOGUE RAISONNÉ DES ÉCRITS

DE

## FEU ANDRÉ LE GLAY

ARCHIVISTE DU DÉPARTEMENT DU NORD

DRESSÉ

### PAR HENRI PAJOT

> Nous devons nous borner à constater en peu de mots combien cette vie fut pleine ; on y compte peut-être plus d'œuvres que d'années......
> Si le docteur Le Glay appartenait à la France entière, à l'Europe, par la renommée de ses travaux, il nous appartenait spécialement par une intimité plus étroite.
> (Paroles de M. Chon, aux funérailles de M. Le Glay).

LILLE
IMPRIMERIE DE L. DANEL.
—
MDCCCLXIV.

NOTES BIBLIOGRAPHIQUES.

II

CATALOGUE RAISONNÉ

DES ÉCRITS

DE

FEU ANDRÉ LE GLAY

ARCHIVISTE DU DÉPARTEMENT DU NORD.

( Extrait des Mémoires de la Société Impériale des Sciences, de l'Agriculture et des Arts de Lille ).

Tiré à 100 exemplaires.

# NOTES BIBLIOGRAPHIQUES.

## II

# CATALOGUE RAISONNÉ
# DES ÉCRITS

DE

# FEU ANDRÉ LE GLAY

ARCHIVISTE DU DÉPARTEMENT DU NORD

DRESSÉ

## PAR HENRI PAJOT

Lauréat de la Société Impériale des Sciences, de l'Agriculture
et des Arts de Lille.

> Nous devons nous borner à constater en
> peu de mots combien cette vie fut pleine;
> on y compte peut-être plus d'œuvres que
> d'années......
> Si le docteur Le Glay appartenait à la
> France entière, à l'Europe, par la renom-
> mée de ses travaux, il nous appartenait
> spécialement par une intimité plus étroite.
> (Paroles de M. Chon, aux funérailles
> de M. Le Glay).

## LILLE
IMPRIMERIE DE L. DANEL.

MDCCCLXIV.
1864

# A la Mémoire

DU DOCTEUR

## André-Ghislain-Joseph Le Glay,

Archiviste du département du Nord.

*En souvenir de l'affection qu'il m'a bien souvent témoignée & de l'amitié qui m'unissait à son fils Jules, enlevé si prématurément à ses nombreux amis.*

H. P.

# CATALOGUE RAISONNÉ

## DES ÉCRITS

DE

## FEU ANDRÉ LE GLAY

ARCHIVISTE DU DÉPARTEMENT DU NORD

DRESSÉ

### PAR HENRI PAJOT [1]

Lauréat de la Société Impériale des Sciences, de l'Agriculture
et des Arts de Lille.

I.

**NOTE BIOGRAPHIQUE.**

Le Glay (André-Joseph-Ghislain) est né à Arleux (Nord), le 29 octobre 1785. Ses titres comme savant sont des plus nombreux ; je ne ferai, du reste, que les énumérer :

Docteur en médecine de la Faculté de Paris, il soutint sa thèse avec succès le 28 août 1812 et vint s'établir à Cambrai, mais il abandonna bientôt l'art médical et se livra aux études archéologiques, pour lesquelles il avait déjà laissé

---

[1] Je suis heureux de communiquer à la Société des Sciences de Lille, sur la demande qu'elle m'en a faite, ce Catalogue que j'avais dressé il y a huit années ; ce sera pour moi une occasion de remercier cette Société de la distinction qu'elle vient d'accorder à deux de mes travaux.

apercevoir un penchant bien vif lors de son séjour à Paris. Nommé d'abord bibliothécaire de la ville de Cambrai, il apporta dans la bibliothèque qu'il était chargé de diriger, de nombreuses améliorations ; il fut aussi secrétaire perpétuel, puis président de la Société d'Émulation de cette même ville. Appelé enfin (1835) par le ministre Guizot, à la garde des Archives du département du Nord, à Lille, c'est là que la mort vint le saisir le 14 mars 1863, après vingt-huit ans d'une direction éclairée, dans la soixante-dix-huitième année de son âge, usé par la fatigue d'un travail continuel, car sa plume infatigable ne cessait de révéler chaque jour de nouvelles richesses enfouies dans les archives confiées à ses soins.

Aux funérailles de M. Le Glay, des discours ont été prononcés par M. Chon, président de la Société des Sciences, de l'Agriculture et des Arts de Lille, par M. de Coussemaker, de la Commission Historique, et par M. le curé de la paroisse d'Arleux. Ces différents discours ont été publiés dans les journaux de Lille.

Le docteur André Le Glay fut de plus membre et plusieurs fois président de la Société des Sciences, de l'Agriculture et des Arts de Lille, président de la Commission Historique du département du Nord, correspondant de l'Académie de médecine de Paris, correspondant de l'Institut (Académie des Inscriptions et Belles-Lettres), et membre correspondant de Sociétés savantes de Douai, Dunkerque, Valenciennes, Saint-Omer, Cambrai, etc.

Cet écrivain doit aussi à son mérite d'autres distinctions d'une importance particulière : chevalier de la Légion-d'Honneur (1$^{er}$ mai 1838), chevalier de l'Ordre de Léopold (Belgique, 30 juillet 1841) et chevalier de l'Ordre de Saint-Grégoire-le-Grand (3 octobre 1854).

Le *Dictionnaire des Contemporains* de Vapereau a consacré au docteur Le Glay un article fort peu étendu, mais très-exact.

## II.

#### ÉCRITS DE M. LE DOCTEUR LE GLAY.

1. Indicateur Cambrésien, in-12, Cambrai, 1815.

2. Almanach de santé, avec cette épigraphe : « *Il n'y a rien que les hommes aiment mieux à conserver et qu'ils ménagent moins que leur propre santé.* (La Bruyère.) » par A. L., docteur en médecine. Cambrai, S. Berthoud, 1816, petit in-12 de 114 pages.

   L'Indicateur Cambrésien et l'Almanach de santé sont d'une exécution typographique qui rappelle les livres dits de la Bibliothèque Bleue, sortis des presses des Oudot et des Garnier, de Troyes.

3. Genera plantarum juxtà Linneanum systema in gratiam Botanices studiosorum in hoc codicillo disposuit A. L. G., M. D. Cameraci, S. Berthoud, 1818, petit in-12 de 22 pages.

   Cette nomenclature a été dressée par M. le docteur Le Glay, à l'époque où il fit à Cambrai un cours de botanique ; elle porte la dédicace suivante au maire de cette ville : « *D. Bethune-Houriez,*
   » *comeracenæ urbis Primario Magistratui, Reverentiæ, grati*
   » *animi, sinceræque dilectionis monumentum nimis exiguum.*»

4. Discours prononcé à l'ouverture d'un cours de botanique.

   Inséré dans les Mémoires de la Société d'Émulation de Cambrai (1818), page 56.

5. Indications des principales recherches à faire sur les antiquités et l'histoire de l'arrondissement de Cambrai.

> Inséré dans les Mémoires de la Société d'Émulation (1820), p. 150. A l'égard de la Société d'Émulation, nous ferons remarquer que le docteur Le Glay a plusieurs fois fait le compte-rendu de ses travaux, en 1817, 1818, 1820, 1821 et 1822, qu'il a fait en 1817 et 1821 deux rapports sur les concours proposés par cette société, et qu'en 1827, 1829 et 1833, il a prononcé le discours en séance publique comme président. Ces comptes-rendus, rapports et discours se trouvent insérés dans les Mémoires.

6. Remarques et Observations sur le mémoire de M. Tribou : Recherches Historiques sur les monnaies de Cambrai.

> Inséré dans les Mémoires de la Société d'Émulation (1822), page 292.

7. Précis historique de l'arrivée et du séjour de Louis XVIII à Cambrai, en 1815 ; in-8°, Cambrai, 3ᵉ édition, 1824.

8. Notice sur Hermoniacum, station romaine, située entre Cambrai et Bavai. Cambrai, imprimerie de Berthoud, 1824, in-8° de 32 pages.

> Inséré dans les Mémoires de la Société d'Émulation de Cambrai, année 1822, page 347.

9. Le Captif du Forestel, nouvelle du XIVᵉ siècle, suivie de notes historiques sur le bourg d'Arleux (Nord) et quelques lieux environnants. Cambrai, imp. de Berthoud, in-8° de 40 pages.

10. Recherches sur l'église métropolitaine de Cambrai. Paris, Firmin Didot, 1825, in 4°.

> Douze planches sont jointes à l'ouvrage.

Notice sur le monument élevé à Fénelon, dans l'église cathédrale de Cambrai. Cambrai, S. Berthoud, 1826, in-8° avec fig.

12. Notice sur les principales fêtes et cérémonies publiques qui ont eu lieu à Cambrai, depuis le XIIe siècle jusqu'à nos jours. Cambrai, S. Berthoud, in-4°, 1re édition 1822; 2e édition 1827.

13. Réponse de l'archevêque de Cambrai (Fénelon) au mémoire qui lui a été envoyé sur le droit de joyeux avénement. Cambrai, S. Berthoud, 1825.

    Imprimé pour la première fois par les soins du docteur Le Glay.

14. Discours prononcé par Fénelon, archevêque de Cambrai, le jour de la bénédiction de M. Dambrine, abbé du Saint-Sépulcre, à Cambrai. Paris, L. Janet, 1828, in-8° de 18 pages.

15. Lettres (deux) sur l'étude du grec dans les Pays-Bas, avant le XVe siècle. Cambrai, S. Berthoud, 1828, in-8°.

    Inséré dans les Mémoires de la Société d'Émulation de Cambrai, 1827, pages 188 et 268.

16. Notice sur les Archives de la Chambre des Comptes de Lille. Lille, L. Danel, 1835; in-8° de 30 pages.

    Inséré dans les Mémoires de la Société des Sciences de Lille, 11e vol. (1834), page 564.

---

Travaux publiés dans la *Revue du Nord*, de 1833 à 1839.

17. Honnecourt (histoire locale, notice). 1833, 1er vol., p. 236.

18. De l'église de Loos. 1835-1836; 5e vol., page 81.

    Cet article avait paru dans la *Gazette de Flandre et d'Artois*.

19. Lettre. Id., page 127.

20. Discours à la séance d'installation de l'Association Lilloise. Prononcé le 11 décembre 1836 ; 6e vol., page 322.

21. Mort de Philippe-le-Bon, duc de Bourgogne. 1837, 2e série, 1er vol., page 106.

22. Discours à la séance annuelle de la fête de Lille (Association Lilloise). Prononcé le 6 juin 1837, même volume.

23. Chronique de la Maison d'Oisy. 1839, 3e série, 1er volume, pages 20, 84 et 393.

---

24. Notice sur les Archives du département du Nord. Lille, L. Danel, 1839, in-8° de 74 pages.

25. Histoire et description des Archives générales du département du Nord. Paris, Firmin Didot, 1843, 1 vol. in-4°.

26. Notice sur les Archives communales du département du Nord. Lille, L. Danel, in-8° de 36 pages.

> Inséré dans l'Annuaire statistique du département du Nord, année 1840.

27. Nouvelles conjectures sur l'emplacement du champ de bataille où César défit l'armée des Nerviens. Cambrai, Hurez, 1830, in-8° de 24 pages.

> Ce travail est extrait des Mémoires de la Société d'Émulation de Cambrai (années 1828-1829, page 81). L'auteur pense que l'espace de terrain compris entre Bonavis et Vaucelles est le lieu où les Nerviens furent défaits

28. Catalogue descriptif et raisonné des manuscrits de la bibliothèque de Cambrai. Cambrai, Hurez, 1831, in-8°, avec

table alphabétique des auteurs et des matières, plus une vue de la bibliothèque et des *fac simile*.

> Il contient 1046 articles et 9 de *desiderata*. Ce catalogue avait été imprimé d'abord dans les Mémoires de la Société d'Émulation de Cambrai (1828-1829).

29. Chronique d'Arras et de Cambrai, par Balderic, chantre de Térouane, au XIe siècle, revue sur divers manuscrits et enrichie de deux suppléments, avec commentaires, glossaire et plusieurs index. Paris, 1834, in-8° de XXX et 640 pages (imprimerie de Lesne-Daluin, à Cambrai).

> Cet ouvrage est un des plus importants de M. le docteur Le Glay; il a été traduit par MM. Faverot et Petit (835, Prignet, Valenciennes, in-8.°). M. Le Glay écrivit lui-même une critique de cette traduction (Archives du Nord, 1re série, Bulletin bibliographique, page 217); dans cette critique il répondit avec adresse à celles qui lui avaient été adressées lors de la publication de son ouvrage et releva ensuite différentes erreurs de ses traducteurs.

30. Cambrésis. Paris, imprimerie de Béthune, 1834.

> Cet article de trois pages a été inséré dans le Dictionnaire de la Conversation.

31. Lille.

> Article inséré également dans le Dictionnaire de la Conversation.

32. Notice sur le village d'Esnes en Cambrésis.

33. Galerie historique des conquêtes de Louis XIV, par J. La Fontaine.

> Ces deux travaux ont été insérés dans les Mémoires de la Société d'Émulation de Cambrai (1833), pages 311 et 338.

34. Mélanges historiques et littéraires. Cambrai, Lesne-Daloin, 1834.

> Tiré à 50 exemplaires.

35. Nouveau programme d'études historiques et archéologiques sur le département du Nord. Lille, Vanackère fils, 1836, in-8°.

> Cet ouvrage a eu plusieurs éditions; il avait paru d'abord dans les Mémoires de la Société d'Émulation, 1831, 12e vol., page 411; il a ensuite été inséré dans les Archives du Nord, 1re série, tome 2, page 89. voir *in frd* N° 59.

36. Mémoires sur les actes relatifs à l'Artois qui reposent aux Archives du département du Nord. Saint-Omer, Chanvin fils, 1837, in-8° de 15 pages.

37. Analectes historiques ou Documents inédits pour l'histoire des faits, des mœurs et de la littérature. Paris, Téchener, 1838, in-8° de 268 pages.

> Inséré dans les Mémoires de la Société des Sciences de Lille, vol. 14e (1838), 2e partie, page 229 et vol. 30 (1850), page 304.

38. Correspondance de l'Empereur Maximilien Ier et de Marguerite d'Autriche, sa fille, Gouvernante des Pays-Bas, de 1507 à 1519; publiée d'après les manuscrits originaux. Paris, Jules Renouard et Ce, 1839, 2 vol. in-8° avec table.

> Ces volumes font partie de la publication de la Société de l'Histoire de France.

39. Mémoire sur les bibliothèques publiques et les principales bibliothèques particulières du département du Nord. Lille, L. Danel. 1841, in-8°.

> Ouvrage précieux et des plus importants, inséré dans les Mémoires de la Société des Sciences de Lille (1839), et dans l'Annuaire statistique du département du Nord, années 1843 et 1844.

40. De l'Arsin et de l'Abbatis de maison dans le nord de la France. Lille, L. Danel, 1842, in-8°.

> Inséré d'abord dans le Bulletin de la Commission Historique du département du Nord, 1er vol., page 248, et dans l'Annuaire statistique du département du Nord (1842).

41. Notice sur M. Lafuite. Lille, L. Danel, 1842, in-8°.

Inséré dans ledit Annuaire (1843).

42. Fidèle Delcroix, sa Vie et ses Ouvrages. Cambrai, 1844, in-12.

Inséré également dans le Bulleitn de la Commission Historique du département du Nord (1844), 2ᵉ vol., page 94, et dans l'Annuaire statistique du département du Nord (1844).

43. Négociations diplomatiques entre la France et l'Autriche, durant les trente premières années du seizième siècle. Paris, imprimerie royale, 1845, 2 vol. in-4°, de 800 pages chacun.

Ouvrage faisant partie da la Collection de Documents inédits sur l'Histoire de France, publiée, d'abord, d'après les rapports et sous la surveillance de M. Guizot, Ministre de l'Instruction publique.

44. Recherches sur le lieu appelé dans quelques anciens titres : *Villa colonia in pago Cameracensi*. Lille, L. Danel, 1846, in-8° de 8 pages.

Inséré dans le Bulletin de la Commission Historique du département du Nord, 2ᵉ vol. (1844), page 275.

45. Études biographiques sur Mercurino Arborio di Gattinara, chef du Conseil privé des Pays-Bas, premier président du Parlement de Bourgogne, chancelier de l'Empereur Charles V et cardinal. Lille, L. Danel, in-8° de 77 pages.

Inséré dans les Mémoires de la Société des Sciences de Lille, vol. 26 (1847, 1ʳᵉ partie) page 183.

46. Discours prononcé aux funérailles de M. Massieu. (23 juillet 1846.)

Inséré dans l'Annuaire statistique de 1847.

47. De la santé des habitants de la campagne. Lille, Leleux, 1848; in-8° de 16 pages.

> Inséré dans les publications agricoles, tome VII.

48. Catalogue descriptif des manuscrits de la bibliothèque de la ville de Lille. Lille, Vanackère, 1848, 1 vol. in-8° de 443 pages, avec appendice, pièces justificatives et table.

> Ce catalogue contient 391 articles.

49. Cameracum christianum ou Histoire ecclésiastique du diocèse de Cambrai. Lille, L. Lefort, 1849, in-4° à deux colonnes, avec carte.

50. Glossaire topographique de l'ancien Cambrésis. Cambrai, 1849, in-8°.

51. Notice sur M. le baron Méchin. Lille, L. Danel, 1850, in-8°.

> Inséré dans l'Annuaire (1850), pages 450 à 460.

52. Nouveaux Analectes ou Documents inédits pour servir à l'histoire des faits, des mœurs et de la littérature. Paris, Techener, 1852, in-8°.

> Ce volume renferme plusieurs travaux déjà publiés dans les Mémoires de diverses sociétés savantes.

53. Thomson et ses traducteurs.

> Cet article forme la préface de la traduction des *Saisons*, du poëte anglais, par Paul Moulas. 1 vol. in-8.°, Lille, L. Danel, 1853; et inséré dans les Mémoires de la Société des Sciences de Lille, vol. 29 (1849), page 804.

54. Un Mot sur les écrivains actuels du Pas-de-Calais. Allocution prononcée au congrès scientifique d'Arras, le 30 août 1853. Arras, Alphonse Brissy, in-8° de 15 pages.

55. Vies des Saints, d'Alban Buther, traduction de l'abbé Godescard, texte révisé et annoté par M. Le Glay. Lille, L. Lefort, 1855, 6 vol. in-8°.

---

TRAVAUX INSÉRÉS DANS LES *Archives historiques et littéraires du nord de la France et du midi de la Belgique.* (Cette publication qui a commencée en 1829, en est maintenant à son dix-huitième volume.)

56. Poetæ ecclesiastici. (Compte-rendu d'un ouvrage édité par A. Hurez, de Cambrai, 1821—1826.) 1$^{re}$ série, T. I, page 18.

57. Notice sur les duels judiciaires dans le Nord de la France. 1$^{re}$ série, T. I, page 74.

58. Lettre à un membre de la Société d'Émulation de Cambrai, sur le mot MULQUINIER. 1$^{re}$ série, T. I, page 151.

59. Programme des principales recherches à faire sur l'histoire et les antiquités du département du Nord. 1$^{re}$ série, T. II, page 9.

Voir *supra* N° 35.

60. Jean Carpentier (Biographie départementale). 1$^{re}$ série, T. II, page 385.

Ce travail a aussi été publié dans le Messager des Sciences historiques, des Arts et de la Bibliographie de Belgique, édité à Gand.

61. Lettre à M. Pascal-Lacroix. 1$^{re}$ série, T. II, page 404.

62. Glossaire des principaux sobriquets historiques du nord de la France. 1<sup>re</sup> série, T. III, pages 34 et 111

63. L'abbé Servois (biographie départementale). Même série et même vol, page 123.

64. Lettre sur Gualtercurt ou Wahiercourt, ancien village du Cambrésis, à M. B. Guérard. Mêmes série et vol., p. 256.

65. Georges Colvener (Biographie départementale). Même série, T. IV, page 61.

66. Le Château de Relenghes, près de Cambrai. Mêmes série et vol., page 492.

67. Note sur Remi du Puys, indiciaire et historiographe de la maison de Bourgogne. Nouvelle série, T. I, page 147.

68. Notice sur le royaume des Estimaux dans la châtellenie de Lille. Nouvelle série, T. II, page 76.

69. Notice sur Jacques Le Groux, curé de Marcq-en Barœul. Nouvelle série, T. IV, page 215.

70. Recherches sur l'histoire et l'architecture de l'église cathédrale de Notre-Dame de Tournai, par M. J. Le Maistre d'Anstaing. Mêmes série et vol., page 241 (compte-rendu).

71. Notice sur la Vie et les Ouvrages de Fidèle Delcroix. Mêmes série et vol., page 333.

Voir aussi Bulletin de la Commission Historique, 2<sup>e</sup> vol., p. 94.

72. Mémoriaux de Robert d'Esclaibes, seigneur de Clairmont en Cambrésis, accompagnés de notes et précédés de renseignements biographiques sur l'auteur et sur sa famille. Nouvelle série, T. V, pages 9 et 386.

73. Notice sur la démolition juridique du château d'Écaillon. Même série, T. VI, page 312.

> Cette Notice a été aussi insérée dans le Bulletin de la Commission Historique du Nord. 3ᵉ vol. (1847), page 78.

74. Jeanne la Folle et sa plus jeune fille. Fragment historique extrait d'un ouvrage inédit intitulé : La mère et les sœurs de Charles-Quint. 3ᵉ série, T. I, page 389.

75. Discours de la rébellion de ceulx de la ville du Chastel en Cambrésis. — Ensemble de leurs faictz et menées. — Discours inédit communiqué et annoté par M. Le Glay. 3ᵉ série, T. II, page 238.

76. Mémoire sur le droit de Gave. 3ᵉ série, T. III, page 333.

77. L'Abbaye de Saint-Amand sous la prélature du cardinal de Médicis (1705—1709). 3ᵉ série, T. IV, page 53.

78. Fénelon et l'abbé de Liessies. 3ᵉ série, T. V, page 5.

79. Un mot sur Louis de Blois et ses œuvres. 3ᵉ série, T. V, page 196 (avec fac simile).

---

Quelques travaux publiés dans le *Bulletin de la Commission Historique du département du Nord*.

80. Mémoire sur quelques inscriptions historiques du département du Nord. 1ᵉʳ vol., page 37.

81. Lettre sur la Flandria illustrata. Id., page 87.

82. Lettre sur les mémoriaux de Saint-Aubert. 2ᵉ vol., page 169.

83. En quel lieu du Cambrésis a été détenu le roi de Navarre, Charles-le-Mauvais (Note). 3⁰ vol., page 59.

84. Notice sur l'origine du comté de Flandre. Id., page 181.

85. Rectification au sujet de la naissance de Philippe de Lalaing. (Lettre à M. Cahier.) Id., page 326.

86. Rapport sur quelques planches gravées du Flandria illustrata de Sanderus. 4⁰ vol., page 96.

87. Mémoire sur la tenue des registres de l'état-civil dans la circonscription du département du Nord, avant 1792. Id., page 112.

> Ce Mémoire forme la préface du travail de Alphonse Boussemart, intitulé : Tableau récapitulatif des registres de l'état-civil de toutes les communes du département du Nord, 1853, Lille, Lefebvre-Ducrocq ; in-8.⁰ de 109 pages.

## MÉMOIRES SUR DIFFÉRENTES ARCHIVES DE MAISONS RELIGIEUSES.

88. Notice sur les mémoriaux de l'abbaye de St.-Aubert. Cambrai, Simon, 1851, in-8⁰ de 24 pages.

89. Mémoire sur les archives des églises et maisons religieuses du Cambrésis. Lille, L. Danel, 1851, in-8⁰.

> Inséré d'abord dans le Bulletin de la Commission Historique du Nord, 4ᵉ vol, page 14. — Ce mémoire est du reste une refonte complète, avec additions considérables, de l'article consacré aux archives cambrésiennes dans l'ouvrage du même auteur intitulé : Histoire et Description des archives du département du Nord. Voir suprà N⁰ 25.

90. Mémoire sur les archives des abbayes de Liessies et de Maroilles. Lille, L. Danel, 1853, in-8° de 88 pages.

> Ce mémoire a d'abord été inséré dans les Documents extraits de la Bibliothèque royale et des archives des départements, in-4.°, Paris, Firmin Didot, 1842, T. II, page 111, puis imprimé à part, même format.
>
> Ce Mémoire est édité avec pièces justificatives; il a aussi été inséré au Bulletin de la Commission Historique du Nord, 4° vol., pages 270 et 317.

91. Mémoire sur les archives de l'abbaye de Cysoing. Lille, L. Danel, 1854, in-8° de 37 pages, avec pièces justificatives.

> Inséré dans les Mémoires de la Société des Sciences de Lille, vol. 33 (1853), page 492.

92. Mémoire sur les archives de l'abbaye de Marchiennes. Douai. Adam d'Aubers, 1854, in-8° de 70 pages, avec pièces justificatives.

> Inséré dans les Mémoires de la Société Impériale et Centrale d'Agriculture, Sciences et Arts, du département du Nord, établie à Douai.

93. Mémoire sur les archives de l'abbaye de Saint-Amand-en-Pévèle. Valenciennes, B. Henry, 1854, in-8° de 32 pages, avec pièces justificatives.

> Extrait de la Revue Agricole, Industrielle et Littéraire, journal de la Société impériale d'Agriculture, Sciences et Arts, de l'arrondissement de Valenciennes.

94. Mémoire sur les archives de l'abbaye de Vicogne. Valenciennes, E. Prignet, 1855, in-8° de 24 pages, avec pièces justificatives.

> Inséré dans les Archives du Nord, 3° série, T. IV, page 278.

95. Mémoire sur les archives du chapitre des Chanoinesses de

Bourbourg. Dunkerque, Vanderest, 1855, in-8° de 16 p., avec pièces justificatives.

<small>Extrait des Mémoires de la Société Dunkerquoise pour l'encouragement des Lettres, des Sciences et des Arts (vol. 1853-1854).</small>

96. Mémoire sur les archives du chapitre de Saint-Pierre de Lille. Lille, L. Danel, 1856, in-8° de 40 pages, avec pièces justificatives.

<small>Inséré dans les Mémoires de la Société des Sciences de Lille, (1856) 2e série, 3e vol., pages 137 à 176.</small>

97. Mémoire sur les archives de l'abbaye de Loos, près de Lille. Lille, L. Danel, 1857, in-8° de 54 pages.

98. Mémoire sur les archives de l'abbaye de Beaupré. Dunkerque, Benjamin Kien, 1857, in-8° de 21 pages, avec pièces justificatives.

99. Mémoire sur les archives du monastère de Château-l'Abbaye. Valenciennes, E. Prignet, 1858, in-8° de 23 pages, avec pièces justificatives.

<small>Inséré d'abord dans les Archives du Nord, 3e série, T. 6, p. 39.</small>

100. Mémoire sur les archives de l'abbaye de Saint-Jean de Valenciennes. Valenciennes, B. Henry, juillet 1862, in-8° de 30 pages.

<small>Extrait de ladite Revue Agricole, voir N° 93, suprà.</small>

101. Mémoire sur les archives du chapitre de Saint-Amé, à Douai. Douai, Adam d'Aubers, 1858, in-8° de 32 pages.

<small>Inséré dans les Mémoires de la Société des Sciences à Douai.</small>

102. Mémoire sur les archives de l'abbaye de Saint-Aubert, à Cambrai.

> Publié dans le Bulletin de la Commission Historique du département du Nord, tome VII (1863), pages 1 à 86 (tiré à part).

103. Revue des Opera diplomatica de Miræus. Bruxelles, M. Hayez, 1856, in-8° de XVI et 202 pages.

> Ce travail qui offre une rectification d'Aubert le Mire, presque dénaturé par ses continuateurs, est de la plus haute importance.

104. Notice sur les conférences tenues à Lille en 1716, à la suite du traité de Bade. Lille, L. Danel, 1856, broch. in-8° de 18 pages.

105. Inauguration du nouvel hôtel des archives. (Discours.) Lille, Vanackère, 1845, in-8°.

106. Discours prononcé le 28 août 1836, aux exercices publics des élèves sourds-muets de l'institution établie à Lille, sous la direction de M. Massieu, élève de l'abbé Sicard. Lille, Vanackère fils, septembre 1836, in-8°.

107. Recherches sur les premiers actes publics rédigés en français.

> Inséré dans les Mémoires de la Société des Sciences de Lille, 12ᵉ vol. (1835), page 329.

108. Discours en séance publique. (28 juillet 1837.)

> Ibid. 13ᵉ vol. (1836-1838, 1ʳᵉ partie), page 405.

109. Discours en séance publique. (27 juillet 1845.)
>Inséré dans les Mémoires de la Société des Sciences de Lille, 24ᵉ vol. (1845), page 282.

110. Documents pour servir à l'histoire du comté de l'Ostrevant.
>Ibid. 31ᵉ vol. (1851), page 531.

111. Discours prononcé sur la tombe de M. J.-B. Lestiboudois.
>Ibid. 33ᵉ vol. (1853), page 532.

112. Discours sur la tombe de M. Pierre Legrand, avocat à Lille, et membre de la Société des Sciences de Lille. (15 avril 1859.)
>Inséré dans les journaux de Lille.

113. Lettres inédites de Fénelon. Cambrai, Simon, S. D. (1857), in-8° de 18 pages.

114. Lettre de Jean Romon, chartreux, à un grand seigneur. 1622—1623.
>Inséré dans les Archives du Nord, 3ᵉ série, T. VI, p. 156.

115. Spicilége d'histoire littéraire ou Documents pour servir à l'histoire des sciences, des lettres et des arts dans le nord de la France. Lille, L. Danel, 1858, premier fascicule, in-8° de 98 pages.

116. Spicilége d'histoire littéraire, etc., etc. Lille, L. Danel, 1859, deuxième fascicule, in-8° de 95 pages.

117. Spicilége d'histoire littéraire, etc., etc. Lille, L. Danel, 1861, troisième fascicule, in-8° de 110 pages.
>Ces trois fascicules ont d'abord été insérés dans les Mémoires de la Société des Sciences de Lille, 2ᵉ série, 2ᵉ vol. (1855), pages 409 à 459; 4ᵉ vol. (1857), pages 199 à 234; 5ᵉ vol. (1858), pages 83 à 177; 6ᵉ vol. (1859), pages 81 à 144, et 7ᵉ vol. (1860), pages 141 à 183.

118. Nouveau Mémoire sur les archives départementales du Nord. Lille, L. Danel, 1861, in-8° de 80 pages.

<blockquote>Refonte des ouvrages indiqués sous les numéros 16 et 24 *suprà*. — Ce travail a aussi été imprimé dans le Bulletin de la Commission Historique du département du Nord, 5<sup>e</sup> vol. (1860), page 245.</blockquote>

Le docteur Le Glay a aussi donné quelques articles à l'Encyclopédie du XIX<sup>e</sup> siècle et au Messager des Sciences, à Gand, où l'on trouve une lettre à Emile Cachet, sur un article de ce dernier concernant le couvent de l'Abbiette à Lille (1852, 20<sup>e</sup> vol., pages 159 à 162.) — Il travaillait, au moment de sa mort, à l'Inventaire des Chartes de la Chambre des Comptes de Lille, et il a aussi publié quelques notes éparses sous la rubrique : Hommes et Choses, dans les Archives du Nord.

---

Si quelqu'ouvrage du savant archiviste dont je viens d'énumérer les nombreux écrits a échappé à mes investigations et aux recherches minutieuses auxquelles je me suis livré, que le lecteur soit indulgent et veuille bien me tenir compte de mon temps et des soins que j'ai apportés à ce travail.

Lille, 10 janvier 1864.

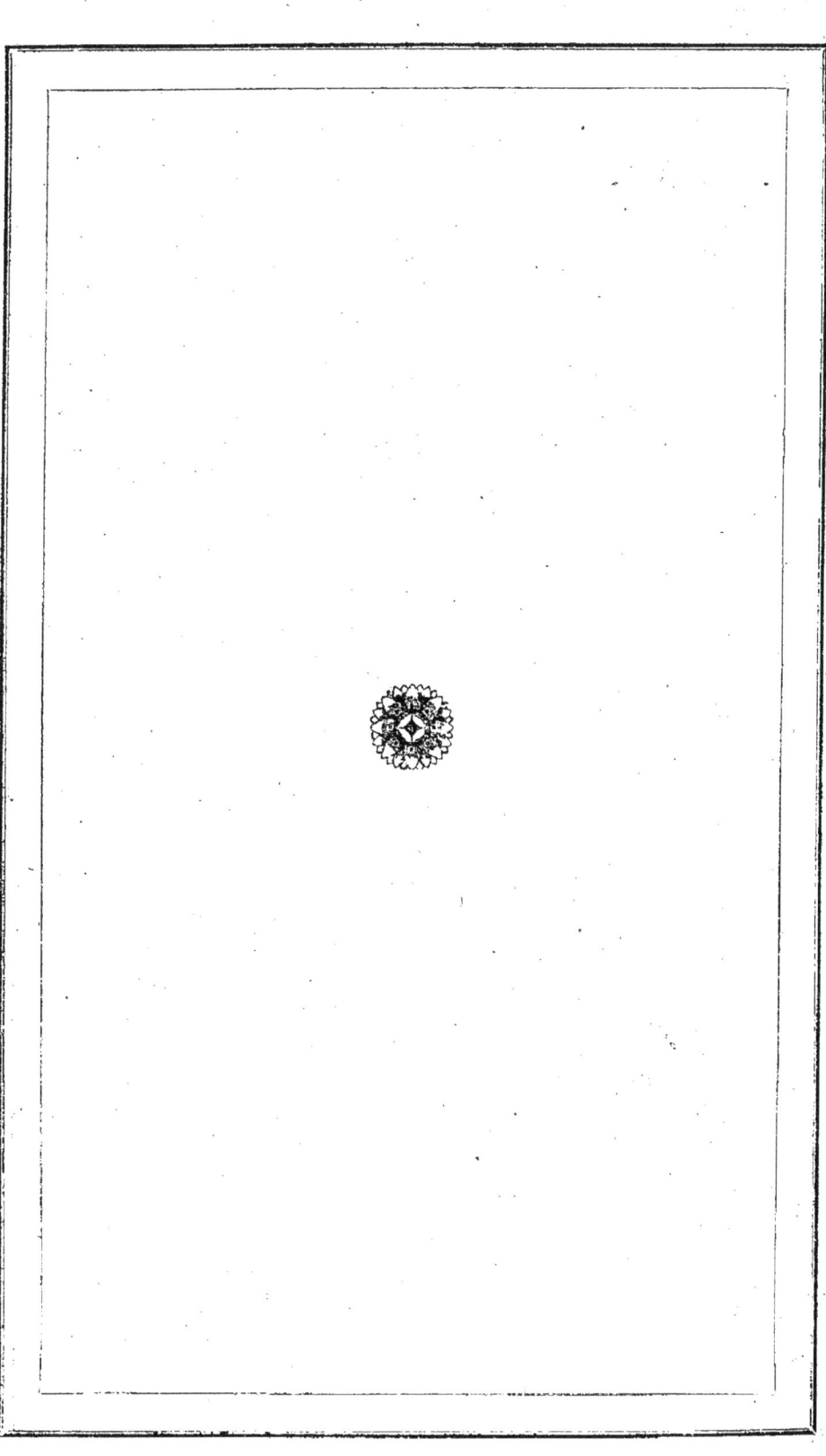

www.ingramcontent.com/pod-product-compliance
Lightning Source LLC
Chambersburg PA
CBHW060617050426
42451CB00012B/2299